Kaihon virtaa

Mauri Laakkonen

Kaihon virtaa

runoja

Runot: Mauri Laakkonen
Runojen valinta: Sanna Kaihovirta

Kustantaja: BoD · Books on Demand,
Mannerheimintie 12 B, 00100 Helsinki, bod@bod.fi

Kirjapaino: Libri Plureos GmbH,
Friedensallee 273, 22763 Hampuri, Saksa

ISBN: **978-952-80-9577-4**

Johdanto

Teuvalainen ystäväni kommentoi luettuaan vuoden 2024 runokoosteeni 622 runosta noin puolet:

*"Hei Mauri! Nyt on puolet runoista "makusteltu ja märehditty" ja kahteen kasaan jaettu; Cillen rakkaat ja riemuisat muistelot ja itselleni tähän hetkeen kolahtaneet; **uupuneen ulinat** tai **masentuneen manifesti**."* Ja päästyään kirjan loppuun:
" Non niin, olen kahlannut runot läpi, nauttien paperilehtisten kahinasta jaloissani. Pitkä aika tässä kului, kun en pysty kauaa järkevästi runoja sisäistämään kerrallaan. Mielenkiintoinen puuha."

Lämmin kiitos Sanna. Valinnoistasi syntyi kaksi kirjaa, joista toinen kantaa nimeä *"RunoCille"* ja itsellesi tekemäsi valinnat *"Kaihon virtaa"*.

Hausjärvellä huhtikuussa 2025
Mauri Laakkonen

Lukijalle

Lukuisten läheisten, ystävien ja tuttavien elämää
on viime aikoina sävyttäneet sairaudet, työuupumus
ja monet muut elämää ravistavat asiat, mm. pandemia
ja Ukrainan sota.

Niiden myötä koemme pelkoa, surua, ahdistusta,
masennusta. Kaipaamme päiviin, jolloin kaikki oli
niin sanotusti hyvin.

Huomaan, että runoihini on hiipinyt kuin salaa
melankolisia ja kaihoisia sävyjä, mutta myös toivo
paremmasta.

Kaiho: ikävä, kaipaus, nostalgia

1

Viehtymys
ihastus
rakkaus

sitäkö tunnen
siihenkö lankean
tarraudun
jotta jotakin olisin

merkitys
syntyy ja kasvaa
tunteesta
olla jotakin
jollekin
joillekin
itselleen

jos osaa
rakastaa itseään
avaa ovet, kyvyn
rakastaa muita

7

2

Korkealle yltää matalalta
matalalta syvälle sukeltaa
nousee rannalta lintu lentoon
kala syvyydestä veden pintaan
yllä lennon kuvajainen
alla uinnin varjot vainen
kohtaavat siivekäs ja uiva
alkaa lentävän aamiainen

3

Minä ihmisvirran yksi pisara
valun kohti arvoituksellista huomenta.
Kuten niin usea, pohdin tuskan hiki otsalla
miksi pitää olemassa olevaa tietoisesti tuhota.

.... ja ihmisarvoa polkea

4

Enemmän kuin iäti
jota on mahdoton määritellä

Ei sinänsä hölmömpi ajatus
olla keskenkasvuinen ja oppimaan valmis

Voihan sitä miettiä päänsä puhki
määritelmää, jota yrittää ymmärtää

Kun sitten herää taas huomenna
saman pulmansa eteen
tietää että on oppimista

Ja samalla tietää, ettei elä ikuisesti
vaikka pulma jatkuisi iäti

5

Yön jälki kasvoillani
uni jätti merkkinsä
turpeat silmäluomet
ja katseen, jonka kirkastumista odotan
odotan, että unen verhot haihtuvat
että kehon harras velttous kohentuisi
aktiivisuus valtaisi lihakset
ja silmät näkisivät
arkisen, muka tärkeän

6

Jokainen askel on saavutus,
jota pitäisi arvostaa,
onhan se itse otettu.

Yksikin hymy
avaa monta ilmelukkoa
saa ihmeitä aikaan

7

Istuuduin ajan kyytiin
matkasin päivän kerrallaan
kun en muuta voinut

Niin kertyi ikävuosia
muutti olomuoto kuosia
nyt muistona ikäpoimut

8

Yhden tyynyn
pää alusenaan hyvin sietää
tupla kaksin verroin
vääntöä nikamille tietää

Kolmen tyynyn keskellä
voi nojailla ja lueskella
neljännestä sänky täyttyy
koristeena jo näyttäytyy

Tyynyvuori sohvan valtaa

Tyynysota syttyy sattumalta

9

Viisaudessaan
moni on tyhmä
jopa tyhmempi

Tyhmyyden ilo
on lupa kysyä
tyhmiä kysymyksiä

….ja viisastua

10

Uin siihen syvään
joka vie syvyyksiinsä
koristelee tyynyni kyynelin
joihin en osaa hukkua
mutta kun siinä lepään
tiedän
olen elänyt

11

Pienuutensa harhassa
piilee suuri vaara, tarve
kuvitella itsensä isommaksi

12

Oi, tuota ikävää
kaihoa
joka sisintä jäytää
hipaisten koskettaa
ja yrittää
hymyn huulille virittää

Oi, tuota sokeutta
näköalattomuutta
joka epävarmuutta henkii
sisimmän sulkee
pelottaa
kun rohkeammaksi yrittää

Oi, tuota kokemusta
tuntojen paljoutta
joka vahvistaa minuutta
ruokkii itsetuntoa
varmuutta
onnen kokemusta ja tunnetta

Oi kaikkea kaikessa

13

Tähdillä on taivas
kotina ääretön avaruus
runsas tumma
täynnä ilon värien taikaa
salaisuuksia
joihin emme vielä yllä
vaikka kuinka yritämme

Taivaalla välkkyvät tähdet
vilkuttavat
iskevät silmää
nekin totiset
staattiset, yksivaloiset
piirtävät taikaympyrän
tielleni

Sitten ne tulevat
ja remuavat
revontulet
räiskyvät laidasta laitaan
soutavat avaruudessa
maagista venettä
saapumatta perille, koskaan
jättävät muistijäljen

14

Tuhannet mielipiteet
vain yksi totuus
kullakin omansa

On taito hallita valhe
jotta se on uskottava
ja todeksi kelpaava

Kun pintaa katsoo
ei näe pinnan alle
syvemmälle sisältöön

Totuus on kuin kirjan kannet
sievät ja paljon lupaavat
lähes valhe

Ihana, on ihanaa

Askelissa on paino
joka tuntuu aivoista asti
liekö liikaa kuormaa
kun polvet niiaa

Ihanampaa elämää
toivoo jokainen meistä
ihanan keskellä unohtuu
että näinkin elämä maistuu

16

Niin harmaa on maisema
ettei värejä toisistaan erota
sumuisen kostea näkymä
verhona peltojen yllä
katseen täysi kyyneleitä

Olen kuin sade
jota ei ole
on vain kuivuus
ja toiveet
ja pisarat
jotka kastelevat
kun on niiden aika

Olen sade
joka itkee
ilonsa

Olen sade
joka kätkee
surunsa

Kyynelehtijä
ennen sadetta

18

Yhteen lukkiuduin
toiseen itseeni eksyin
ajattelemaan luvattomia
hekumoimaan mahdottomista
kylläisistä vuosista

Siellä lukkojen takana
avainten ulottumattomissa
elää tapojensa vanki
samaa tietä kulkee
joka päivä, vuodesta toiseen

Vierellään vyöryy rietas vapaus
haistella elämän kevään tuulia
lipoa kokemuksen rohtuneita huulia
ja sekoittaa pää
elämän paljaudella

Vain sisäisesti vapaa
voi avata uskalluksen lukot
nauttia moraalinsa vapaudesta
rajansa tuntien
hehkua onnesta

25

19

Lyhyempi
onkin pitempi
lyhyen lyhyttä

Onhan köyhäkin rikkaampi
kuin vaaraton varaton

Kuvittelemme usein
että linnut ovat vapaita
lentävät ja laulavat riemusta
ehkä sitäkin
mutta ravintoansa ne etsivät
itselleen ja poikasille
tietämättä jakavansa iloa
minulle
romantikolle
joka laiskana istun
katson ja nautin joka hetkestä

21

Viel aikaa odotuttaa suven tulo
viel metsäpolkua koristaa lumen sulo
käy askel syrjään, välttää lammikoita
etsimään reittejä sulaneita

Puiden juurilla näkyvät pälvet sulaneet
mustikanvarvutkin kevääseen paljastuneet
ajatus kiirehtii kohti kesää
linnut laulavat, rakentavat jo pesää

Muistatko yhä sen
hetken tavallisen
kun istuimme nuotiollla
oli elokuun ilta
jolloin syksy kuiskii
kertoo tulostaan
ja kesä taipuu syksyyn
väreissään

Muistatko linnut
satojen parvissa
istumassa langoilla
pian etelään ovat matkalla
ja pian muistamme lentoa kaiholla

23

Muistatko hankikannon
kuinka askel narskahtaa
jättää pintaan jäljen
ja auringon loisteessa
valkoisuus säteilee

Muistatko
kuinka tiaiset laulaa
titityytä kirkkain äänin
sointujen lumoissa
täyttävät äänin lähiläänin

Oi tätä kirkkauden lumoa
pikkupakkasen nipistystä poskessa
kun toinen on lämmin
auringon puolella

Näetkö!
Keltainen väri loistaa ja tuo mieleen
valon, auringon, keväiset narsissit.

Kuuletko?
Pienet piipittävät pääsiäistipuset
mämmijuhlan suloiset airuet.

Huomasitko?
Ojien varsilla valkoiset pajunkissat
oksat suorastaan luokse kutsuvat.

Hullaannutko?
Kun lämpö ihoasi lämmittää
puetko yllesi keveämpää.

Nautitko?
Kun luonto herää,
ja vedet jokiuomissa temmeltää.

25

Hetkistä elämä koostuu
tuokioissa kokemus karttuu
tehden ja touhuten tai leväten

Maalaan tauluuni kukkaset
inspiraation synnyttämät oivallukset
kuinka värit tanssivat, loistavat

Tumma vaaleaa korostaa
kokeilla
kokeilla vaan pitää uskaltaa
vapautua kriittisyyden kahleista

Kastuvat poskeni kyynelistä
suru ravisuttaa solujani
ja riipii viimeisetkin voimat
yrittäessäni nousta
kiiluu alaston pelko silmissäni

Häpeän puna nousee poskilleni
en rohkene tarttua auttavaan käteen
vaan pakenen, polvillani matelen
turhautuneen ilme kasvoillani
olen alistumassa kohtalooni

27

Uksin uhkein talojaan varustavat
piiloon katseilta kiiruhtavat
katoavat, hyvät tavat
tervehtimättä ohi, askeltavat

Harmissani heitä katson
hyvän huomenen toivotan
päivän jatkosta lausahtaen
olisiko parempi jo huominen

Ystäväni hymyillen lausahtaa
kuka nyt vanhoja huomaamaan
kun on kiire kännyä tuijottamaan
ja maailmaa parantamaan

Ei ole enää Seiska-lehti mitään
TikTokiin kiireellä entää pitää
kenties Tinderistä rakkaus löytää
apparaatit siihen keskellä pöytää

Liehuvat romantiikan kuumeet
ruutuaika on kuin huumeet
unohtuvat kirjat nurkkaan

Oota hetki! Mä vaan kurkkaan
josko joku viestillä pukkaa

Pettymys on, jos ei kukaan….

28

Ilo imartelee
hyväilee murheesi reunaa
mustan harmaaksi haluaa
kirkastaa värit tahtoo
katseesi valoon
pimeän kätköstä nostaa

29

En itkua pidättele
en surua säästele
kun padot murtuvat
kyyneleet tulevat

Ja sydän huutaa
ahdistusta

Silmitön tihku
sade joka tunkee
joka paikkaan
    käärii harmaaseen
        alakuloonsa

Vaan tähdet
yhä loistavat vilkkuen
    avaruuden lamput
        valoa
          heijastavat

Saappaani ryvettyneet
mudassa tallanneet
    savesta töhnäiset
eivät yön selkään
    kulkua estäneet

Edelleen sataa
       tihkuu usvaa
piilottaen näkymän
jota yleensä ihailen
nyt kaipaan

31

Leppeästi hyväilee
kevättuuli
kiertää aukeat ja katveet
pehmentää hanget
koskettaa ohi mennen
poskiani
näyttää mihin lämpö pystyy
juoksuttaa peurat pelloille
ja purot täyttymään vesillä
tulvimaan valtoimena pelloille
niin saapuu kevät ja kevättuuli
kietoen lämmön kehooni

Olisinko hän
joka avaa mielensä salvat
joka huuliltaan lausuu sanat
jotka tuntuvat ja vapauttavat
kohtaamaan sen uuden
joka muhii sisällämme

Veisinkö käteni kädellesi
Luovuttamaan lämmön kehollesi
uimaan ihosi pintaa unelmiin
joille koittaisi aikansa
se, joka täyttää sydämen ohella
toiveidenkartan tyhjät lokerot

33

Villinä vilisee
ajatusten kulku
kehtaanko sanoa
askarruttaa fantasia
mieleen tullu

Istua hiljaa kalliolla
katsella
suorarunkoisia puita
kuunnella
tuulten huminoita

Tuntea kiven
         hohkaava viileys
havaita peipon
         riemukas liverrys
oksien lomassa
         taivaan sinerrys

40

linnun poikasten
      hilpeä piipitys
aluskasvien
        orastava viherrys
katsoa kauan
       lähelle ja kauas

34

Pilvet ja pälvet
taivaan ja maan reikiä
saa ajatuksin
kahtaalle kurkistamaan
kauas alas kevätpelloille
etäälle ylös korkealla
sille sydämensä laulavalle
löytyvät nuotit kevään
lits ja läts
tunnen erään
Joka on lätäköiden perään

41

35

Metalli metallia vasten
kolke on muisto vanhusten
rauta raudalla kiitää
nyt juna lähes ääneti liitää

Radan penkalla leskenlehdet
pelloilla joutsenet ja kurjet
ohi kiitävät paikallisjunat
vaunuissa väsyneet matkaajat

36

Sydämeni syrjällä
sillä kapeimmalla
nukkuu kevät
etsien ääntänsä
etsien muotoansa
herätäkseen oloonsa
talven peiton alta

Ikkunani on avoin
kuin tahtoni ymmärtää

sanat jotka sanoin
purkavat kertymää

eivät pilkatakseen tai
erinomaisuutta kehuen

heh, vaatimaton kun olen

vaan jakaakseni tuntemuksen
ehkä löytääkseni vastauksen

38

Ilakoi kuuman renki
tulisempi
kuin tuli on henki
paloi karrelle
mustui mustempi
nauroi hereästi
myös se arempi
joka arvasi oikeasti
olleensa pelon vanki
kävi viuhka, kun tuli Vappu
huiskalla huiskutti
otsassaan lappu
on ohi kiire ja hoppu

Lipsahtivat ääripäät
sanoiksi
　　hellä ja kiivas
rymisten tunneväreet
　　peittävät ihoni
nostavat ihokarvani
　　pystyyn
ja ravistavat kiivaudellaan
　　selkäytimeen asti
halun
vimmaiseen tahtoon
kehon täyteen hyväileviä käsiä
　　　sormia, huulia
　　　ihoa
joka kihelmöi hekumaansa

40

Hiljaisuuden taioin
sisäisen puhurin vaiensin
ällistyneenä jokelsin
pelästyneen tavoin änkytin
ajattelin
viimein neuvoa kysyin
ja kas järjissäni pysyin

Eloni sylissä kiikun
ajatellen ajan virtaa
joka tulvii minua vastaan
   tyrkkii tuudista alas
      eteenpäin karikoissa
  ja tyynellä
antaa lipua vaan

Palauttaa takaisin
elon kiikkuun
antaa uinahtaa
ja uuteen voimistaa

42

Olen mykistetty
hiljaisuuden suupala
purupintojen puristuksessa.

Olen mössö
hienoksi jauhettu energia
matkalla tehtävääni.

Olen määrätty
rooliini.

Olen ikävän tylsä veitsi
joka leikkaa
haaveilta siivet.

Olen kuitenkin!

Miksi en olisi?
Esikuva.
Teitä kaikkia tylsempiä varten.

Kun jaksaisi

Vielä kun jaksaisi hetken
ehkä muutaman lyhyen vuoden
pitkäksi venyttää kaidan retken
askelistaan tehdä kevyen

Vielä kun jaksaisi hymyillä
samoa vain kauniita sanoaj
rummuttaa sormin reunoja
ajattomuuden astioissa lymyillä

Vielä kun jaksaisi

44

Puhtauden loimu

Sadat ovat tunteitteni poimut
kuin palttinan valkoisuuden loimut
hehkuvat ne kirkasta valkeaa

Askelissani astuin joskus harhaan
en koskaan saapunutkaan ruusutarhaan
eloni kukkia poimimaan
ne lakastuivat
ennen aikojaan

Katso peippoa oksalla
kuule sen keväistä riemua
liverrystä reviirinsä reunalla

Kuuntele kuinka aalto soi
hiljaa lipuen rantaansa ui
tuonelan joutsen saapui

Nouse sen valkoiseen selkään
tule mukaani, älä pelkää
on matkamme osa elämää
siellä rajalla
jos voisin

katsoisin aikaa toisin
luulen
että onnellinen oisin

46

Usva kelluu pellolla
saattelee yön rippeitä
herättelee uutta huomenta
avosylin odottaa maisema
auringon nousua, valoa

Rauha viipyilee
pihalehmuksen oksilla
aloittaa valo leikkinsä
kurkkii lehtien reunoissa
sukeltaa oksien hangoissa

kuivan oksan vuoro
katketa, pudota, lojua
nurmikolla, edellisten seurana
kunnes askareisiin saapuva
on sen talteen poimiva

Luikkivat pakoon
muistot
selän taa piiloutuivat
häveliäät

Laukkasivat esiin
haaveet
käsin kosketellen
tykö tulivat

Lensivät pilviin
unelmat
liisivät utopian
laivoissa

Laskeutuivat alas
maan pinnalle
tavoittivat realismin
toden edessä

Sateisen aamun
kainalossa
näkyy kirkas
harmaa

Saapuivat kosteat pilvet
ohuina harmaina taivaan mattoina
tihkuivat tieltään pois kevyen usvan
sysivät tilaa kasvaville pisaroille

Sadeseinä saapui
se taittoi vakaasti matkaa
ylitse kuivien salojen, peltojen
vuotivat roimasti vesien yllä

Pisarameressä
veden tramboliinilla pomppivat rakeet
kuvioivat hetkiksi lumpeiden sekaan
sulavaksi kelluvan patjan

Teillä rouskuivat rakeet
renkaiden alla hajosivat
lammikoiksi ja puroiksi
liristen etsiytyvät ojiin

Ylitse kulkivat pilvet
lykkien varjoja valon tieltä
herätellen lintujen laulun kieltä
pian konsertti on valmis

Kolhujen jäljet arpeutuvat
luovat uuden todellisen
jossa pintanaarmut näkyvät
ja sisäiset vellovat pelkona

Pelonkynnys on kuin aita
jonka yli olisi päästävä
tai alitse piilossa kuljettava
sydän haavoilla

Särkyneenä, hajonneena
epävarmuus ohjaa askeleita
kyyneltulvan keskellä
uhan hahmot seuraavat

50

Usva soutaa hitain airoin
lipuu vaiti viljan laineilla
kevyin liikkein tähkillä kulkee
kastepisaroin reittiään valelee

Yön selästä märkyys noruu
kiipeää pihanurmelle asti
uuden huomenen saattajaksi
kun aamu varhainen valkenee

Aikaansa kulkevat laivat
meriänsä kyntävät
urheasti kuormaansa kuljettavat
tyynet ja myrskyt kohtaavat
kunnes
kotisatamaansa päätyvät

Olet elämäsi laivassa matkalla
usein kapteenin paikalla
suuntaa ja määränpäätä etsivä
kohti tyyntä pyrkivä
usein tunnet
mitä on olla vaarallisilla vesillä
ja kotisatamaan ajoissa ehtiä

51

Preussin sininen pilviverho
kelluu kesäaamuna
viridianin vihreänä hohtavan
heinäpellon yllä

Peltojen reunoilla ja tien vierillä
päivänkakkaroiden hopeiset nauhat
eivät vielä ole heränneet, odottavat
päästäkseen päivänvalossa loistamaan

Pysähtynyt hiljaisuus lepää
kaikessa ja kaiken yllä odottaen
aamuauringon ensi säteiden
herättävää voimaa

Kun päivä alkaa
väistyvät pilvet
heräävät linnut
ja valo värittää maiseman
pastellisävyihin

Käy aika ja mataa elämä
sokean silmin aina pimeä
usein kulkija ohittaa
huomaamatta apua tarvitsevaa

Ajan virrassa kelluntaa
useimmat meistä harrastaa
välittämättä tippaakaan
haluamatta auttaakaan

Kunnes itse apua kaipaa
yksinäisyyteensä uuvahtaa
kaipaa ääntä ja kosketusta
nähdä ja kokea läheisyyttä

53

Mikä ihana rauha
lävitse käyvä hiljaisuus
ja ikkunanäkymä kauas

54

Meillä on aikamme
kulkea ja kohdata
olla läsnä, yhdessä
ilot ja surut kohdata

Muistoissa on voimamme
kahden kuljettu matkamme
rakensi sydämen viisautta
ymmärtää yhteistä ja elon polkuja

55

Etäällä horisontin sinessä
vaarojen rinteiden siluetit
kupeillaan kiemurtavat vaellusreitit
kutsuvat kulkemaan, askeltamaan peninkulmin
luonnon ihmeitä katsomaan.

56

Pysähtynyt hiljaisuus
aivan ääneti
  ympäröi
aamuunsa herännyttä
  raottaa
hiljaisen valon huntua

Kelohirret aikojen takaa
  ovat vaiti
huokuvat lämpöä,
  turvaa
kuin pyytäisivät tarttumaan
menneen viisauteen
  ei sattuman

Kesäsade on kastellut maan
polut kutsuvat
tuntureille, vaaroille
vaeltamaan
yhä uudestaan
oppimaan
luonto huolehtii omistaan

57

Kiirehtää kiireitään moni
rientää tuntematonta kohti
aukeaa monelle moni ovi
ohitse matka usean johti

Loputon on riennon määrä
yllätysten yllätys pysähdys

On aika antaa kiireen mennä
kun voimat katoavat
kun ajatus ei jaksa, tavoita
tolkutonta menoa

Katoaa uho ja innokas pyrky
keho rajalliseen voimaansa on tehty

Paljon sanoja
turhiksi todettuja lauseita
odotuksia
joiden takana kumisee
petettyjen lupausten tyhjyys

Hyväuskoiset
jälleen kohteena

Lukutaitoinen lukee
kuuntelutaitoinen kuuntelee
vaan usea
ohittaa kaiken vaivatta
hömppätiedon huumassa

Totuus valkenee silloin
kun unelmauntuvat
muuttuvat tikareiksi

ja satuttavat syvältä

Haavoja sanoista
traumoja lauseista
syyllisyyden taakkaa
edessä ja takana
säälimättömien kohteena

Tunteissaan ja tuntiessaan
yhteisyyttä on eheämpi
yksinkulkija

Erakkokin herää ymmärtämään
kanssa eläjien merkityksen
tarvitessaan apua

Pieni siivu
lähimmäisen rakkautta
saa hymyn kasvoille

Ah, autuutta.

60

Sade tuli
kuin humala
se tarttui rinnuksiini
kasteli pääni, hiukseni
vuotamaan vettä
ja valumaan keholleni
raikastavan huuman
kunnes jyrähti
mustien pilvien jyly
kylvi pelon ilooni
josko lyö, josko osuu
kotiini

Sanoiksi puin
                tunteeni
hymyssä suin
riisuin niiden painoa yltäni
jäi osa tunnekuormasta
    raskaana sisälleni
ei sitä puheparsin pureta

62

Elämän hiki
rakkautta on liki
kehon punnerruksen viesti

Lorvihiki laiskuudesta
nautinnosta jouten olla
auringossa kellotella

Kylmähiki otsalla ja keholla
kertooko se pimeän pelosta
pitkistä varjoista kuutamolla

Haihattelijan onni
on kuvitella
olla omasta mielestään
enemmän, parempi
kuin onkaan

Tosikko katsoo
usein liian tarkkaan ja
mitätöi
omaa osaamistaan
aivan syyttä

64

Pienin sanoin
pienin askelin
etenin

Pienuuteni on omani
pienuus sydämessäni
omaani

Pienuuden iduissa
on toivoni
kasvaa isommaksi

Liekö poissa ajatukseni
liekö poissa ovat tunteet

Onko nyt se hetki
kun hiljaisuus ikkunat sulkee

Ja kuitenkin aina
yön jälkeen saapuvat
 aamu ja päivä
kaksin ne kulkevat
käsikkäin ystävinä

66

Yhden kerran vain
vain sen verran kai
et läikkyvät tunteet yli
kosolti vuotaen ylitseni

nauruun purskahdan
totista naamaa näytän
kunnes itkuun pillahdan
ja kyyneliä pyyhin poskiltain

Tunnekuohuissain
tuohduin ja kohtauksen sain
vaan nyt on olo tyyni
ja rauha rinnassain

67

Saduissa prinssit saavat prinsessoita
kulkevat kultavaunuissa etsimässä
elämän kaarelle kumppania
öisin tanssivat ja humaltuvat
nousevat esiin peikot ja sammakot
suudelmilla taikovat suuret tarinat

68

Herkeämättä ajattelen
mietin ja mietin
miksi mietin
sitä ajattelen

Putoaako omena puusta

Kyllä se putoaa
jos ei kukaan ota koppia

77

69

Kun elämä asettaa
tiesi varteen
mutkan merkin
   etkä tiedä
    mitä on vastassa
on hidastettava vauhtia
kääntyä ei kannata
    se ei ole edes mahdollista
on vaan jatkettava

Hiljaisuuden kuva
*   rauhana aivoissa*
istumassa väsymystä

kannon päässä metsässä
rantakalliolla, veden äärellä
vaaran huipulla, tunturituulessa
lempituolissa verannalla
löhöämässä olohuoneen sohvalla
ilkialastomana saunassa
löylyn jälkeen vilvoittelemassa
hetki takkatulen äärellä

ruokalepo vapaapäivänä
unohdettu some-maailma
*   rauhaa aivoissa*
*   palkintona sees tunnelma*

71

Pintaliitooni kyllästyin
vaikka hyvinhän minä lensin

kahmin ja ahmin
eloni kultaa

   Vaan kannattiko?

Sillä lopulta
olemme kaikki multaa

Niin myöhään
käyvät viisarit
ympyrää
ajavat takaa aikaansa
    pysähtymisen pelossa
kiire nappaa omansa
ja juoksuttaa ympäri napansa
    etuviistossa
tuulta vastaan

On hilkulla mennä ohi
ihanien tuoksujen
pullapuodista
kun ovi sulkeutuu
on myöhäistä
poimia rusina pullasta

Sanojesi virrassa uin
kellun ajatusten suvannossa
lauseittesi tyyntä tutkin
kunnes saapuu kiukun pyörre
sieppaa syvälle mukaansa
padon murtaa
ja itkunkanavia siivilöi
taas muistojen vuokseen sukellan
uuteen alkuun yritän
ja hengästyen
sen rytmin tavoitan
vajoan
sen tarkoituksen oivallan
oon onnellinen katoavainen

Kuun sirppi taivaalla seljällänsä
aamun tullen hyvästelee ystävänsä
tähdet katoavat valon tieltä
hetken näkyy kuu vielä siellä

Oletko kuulut kuun tarinaa
se ovelasti sua harhauttaa

Pystyviivan kun sen eteen piirrät

muodostuu kirjain P
se väittää että pienenee
vaan kuinka ollakaan se valehtelee
on kasvussa eli suurenee

muodostuu kirjain K
se väittää, että kasvu etenee
vaan jälleen kuu juksailee
ei kasva vaan pienenee

75

Läheisyytesi miekka leikkaa
keventää alakuloni höyhenen
vapauttaa ajatukseni liitoon
jatkamaan alkanutta matkaa

Kosketuksesi hento viilto
herättelee nukkuvat tunteet
hersyvät haluten uutta
lisää heräävää tunteikkuutta

Hälvenee epävarmuuden sumu
kirkastuu varmuus ja tahto
saavat ajatukset pontta
leijuvat pitkin utopian kantta

76

Pitkään katsovat
tietään kulkevat
visusti mietteensä piilottavat
arkoina outoa kavahtavat
tutuilleen
ovensa avaavat

77

Nauruni nauroin
itkuni itkin
kuljin joukossa
totisin naamoin
vakavin kasvoin
väliin virneilmein
matkaani jatkoin

78

Kylminä iltoina
käyvät vilun väreet iholla
ne värisyttävät koko kehoa

Kylmissäni kääriydyn
pehmeään peittoon
sen lämpöön sukellan

Kellun hyvän olon tunteessa
ajatellen lintuemoa
kuinka se suojaan poikastaan
hallayön tullessa

Laastaroin oloani
turvallisuuden tuntein
    keskellä kaaosta
johon ajauduin
kun elämäni lautta
allani suli ja hapertuen kiiruhti
    epätoivon vesiin
ja ilon kautta uudeksi rakentui

80

Perhosia vatsassa
outoja kohdatessa
   liihottavia sanoja
etsimässä paikkaansa
     täydellisissä lauseissa
     vain epävarmoja tunteita
    pelokkaita viestejä

naamion takana tahto
näyttää aito oma itsensä

81

Melske ja mekkala
hiljaisuuden
vaito myötähäpeä
ujo sekä rohkea
voivat pitää samoista
mekkaloinnin aiheista
kirjoitettuna

82

Vieläkö sanoilleni on tilaa
vieläkö virkkeet soivat korvissasi
ylistyksen sinfoniaa
jossa triangeli iloisesti kilkattaa
ja harpun alakielet etsivät
epätoivoisesti mollia
kun helkkyä duurissa haluaisivat.

Vieläkö?

83

Kerrottu, kirjoitettu
monikerroksinen tarina
sisältää oikein ymmärrettynä
vaihtoehtoja, joista ottaa koppi
joka sopii itselle ja mahdollisuuden
humaltua
sanojen voimasta.

Lienee selvää
ettei nauttiminen aina
tuota toivottua tulosta
kun tuloksena syntyy
henkinen krapula
epätietoisuuden kupla
luetusta.

Ystävyys on
kuin tarra
leipäpaketin kyljessä
harmooninen ja kiehtova
tuoteseloste
täynnä uutuuden viehätystä
sen kaikottua
alkaa parasta ennen seuranta
ja kuranttiuden kyseenalaistus
kunnes ilmestyy viimeinen käyttöpäivä
prosenttialennuksella
iltatunteina vieläkin halvemmalla
merkintä
yhä maistuvan pinnalla

85

Kehoni räystäät
tiputtavat tuskan hikeä
ja välillä ilon kyyneleitä
siitä, että kaikki jatkuu
totisena arkena
jossa hymy seikkailee silmissä
ja vilkkuu kohdatuille
 kuin liikennevalo
paloaseman edessä.

Olisiko sunnuntain vuoro
vaihtaa aika ja vääntää viisarit
kellossa, ei mutkille, vaan
näyttämään uutta aikaa
niille unikeoille, jotka nauttivat
pitkistä yöunista ja lojuvat joutilaina
reporankoina iltapäivään
ja niille, jotka luonto herättää aina
anivarhain, muutenkin.

Mitäpä tuosta
tuleeko hiki aamu- vai iltapäivällä
tulee se itkukin, jos on tullakseen.

Vilkkusilmillä on oma rytminsä.

93

86

Herkeän olemasta naivi
vasta sitten, kun kaikki ovat
totisia tosikoita.

Aikani uskoin ja kuvittelin
kaikkien tahtovan hyvää
muillekin kuin itselleen.

Petyin sinisilmäisyyteen
kun katselin siniharmain pupillein
selkään puukotuksia.

87

Olisiko yhtään uutta sanaa
parsimaan vanhaa virkepartta
osoittamaan toisin kuin ennen
että sekin on mahdottomuutta
jonka äärellä uusikaan ei auta
vaan jämähtää tutuksi kaavaan
loputtomaan ja vangitsevaan

88

Rennosti lepäilee puuhaton
odottelee jotain
tietämättä mitä, mutta toivoen
että tekemisen aika soisi

89

Sammutetut lyhdyt
kuihtuvat aamun valoon
ja päivän jälkeen tekevät tilaa
yön hämärälle ja pimeälle
    Pitkät varjot laihtuvat pois

On kuin ajassa olisi
yksi pieni virhe, niin pieni
ettei se huomatuksi riitä
mutta en välitä siitä
    Kuljen lopulta minäkin pois

Sataa sydämeeni
tuskan tikareita
menetysten jatkuva virta
vieden mennessään unelmat
joita itken joka ilta

Kyynelteni määrä on loputon
mielialani synkeä ja lohduton
mataa aika syvää uraa
ei jaksa nousta
kun on vastassa lokaa ja kuraa

Katosi pois optimismi ja toivo
ui synkissä vesissä
sydän täynnä haavoja
aivoissa vain synkät ajatukset
seurana suru, itsesääli ja valitukset

Pelon peiton alle menen piiloon
ryven kalseuden kylmässä vuoteessa
itkien itseni uneen säälin horteessa
riisuttuna ilon rääsyistä alakuloon
menetysten jatkumoon

Ne hyvät
jotka ovat pahoja
ja hyvyyden naamioihin kätkeytyneet
ottavat mittaa maailmasta
valheella ja petoksella

He hyytävät mielet
ja murskaavat sydämet
kylmyyden tikareilla

...ovat piikkinä
aidosti hyvien lihassa

92

Mihin katsoisin
kun sinua katson,
mihin silmäni laittaisin,
jos pelolta piiloon haluan.
Ei tuskani ole ainut,
ei kipunikaan,
kun vaan katsoa uskallan,
sen tajuan

93

Luumupuun oksalla
keikkuu yksinäinen unohtunut
*   hedelmä vailla poimijaa*
rutistuu ja kuihtuu
kunnes putoaa

Sataa ylleni uteliaiden katseita
kuin liaanit ne tarttuvat mieleeni
kuviksi, jotka näen peruutuspeilistä
kuviksi, jotka muistan entisestä

Kätkeydyn olemattomuuden kaapuun
riisun epävarmuuden kahleitani
itken yksinäisyydestä vapautuakseni
ja sitten nauran, kun koittaa vapaus

95

Lukittuja ovat sanat
joilla iskut annetaan
hyljättyjä julmat ajatukset
kun hyvyyttä punnitaan

Rakkaudestaan ei sydän luopuisi
ei tahtoisi kipua tuottaa
mutta toden hetkellä
on kipeät sanat harkiten lausuttava

Ikkunassa sateen itkua
vielä eilen
siihen pakkasen huurtamaa
nyt sulaa, ja virtaa runsaana

ei syys (vielä) talvelle otettaan hellitä
kisailevat paikastaan
lämmin ja viileä

Ikkunassa sateen itkua

97

Niinhän ne maalataan
                mielikuvat
ajatuksen pensseleillä
kirkkain, valjuin, synkin
sävyin elämänkartalle

Riemunkirjavia
pelonsekaisia
tyyniä mielikuvia vilisee
kuin lintuja taivaalla
ilman siipiä putoavat
katoavat kedolle

98

Emme useinkaan
hyväämme tunnista
emme kulje sen kanssa
ystävyys käsikynkässä

Pysähdymme kaipaamaan
suremaan lisää hamuten
arvottomaksi muuttuvia
turhia tarpeitamme

Lähellä olisi hän
jonka käteen tarttua
Ystävä, johon turvata
ja hyvä tuntea

99

Marras jakaa synkkyyttään
kätkee päivät hämärään
satein maahan märkää kylvää
lumet sohjoksi sulattaa, surmaa

Pilvien alla leijuu hallan harso
sateen tuomana arkisen harmaa
kun sydämeen paistaa rakkauden aurinko
synkkyys sen mukana sulaa

Kahlaan päivieni matkaa
onneni saappaissa, vesilammikoissa
kokien iloa valonkin puuttuessa
kun talven tulo alkaa

100

Rakastan näitä nummia
harjuja, kallioita ja mäntyjen huminaa
tuulen vinkkaa, joka latvoja tuudittaa
ja puuskia, oksien keinuntaa

Kun myrsky riuhtoo, repii
se vaaroista muistuttaa
rungot äärirajoille pingottaa
juuriltaan repii, toisiinsa nojaamaan

Katson edessäni laajaa peltoaukeaa
harjujen sylissä, kesässä lepäävää
sateen tuoreeksi kastelemaa
tarvitsenko enempää

101

Hiljaisuus takoo takaraivossa
ja kaipaa ääntä kaveriksi

Olisipa vaikka yksi sävel
jota viritellä korvin kuultavaksi

Tai se soitin
jolla taion äänet kuuluviksi

Mutta onhan minulla
ääni ja sanat
joilla voi mykkyyden rikkoa
ja kuulemastaan nauttia

Lakkaisin mumisemasta

Ovatko päivät kuin yöt
täynnä lepoa ja hiljaisuutta
kuin kissan kevyet askeleet
jotka ovat hiipineet tykösi

Onko olotilasi levollinen
kuuletko hyväntuulen hyrinän
kun aamu sarastaa kehräten
sinut mukaan herättäen

Kun nouset vuoteestasi
katoaako kankeus kiskotellen
vai parahtaako keho naukuen
kiputilasta kertoen

Vaikka kerälle ei kroppa taivu
eikä aamu oitis illaksi taivu
ei päivä ole yötä kummempi
silloin, olenko onnellisempi
-    vaikka kissa naukuisi

Satoi lunta
koko yön hiutaloi
näin levollista unta
kaksi toistaan puntaroi
   ei kilojaan vaan ajatuksiaan
   kuinka olla hyvä ihminen
   kuinka luoda onni todellinen
kuinka rakastaa itseään ja rakkaitaan
että lohdun saa kuljettaa mukanaan

Hymynväre hiipi kasvoihin
silmät tuikkivat tutkaillen
tarraudun tapoihin
kohteliaisuuksiin
sydämen kypsyyttä
ymmärtää koetan

104

Hiipivä kylmä
tunkee rakenteisiin
kuin hiiri
se vaeltaa eristeissä tunkeutuu iholle
ja riisuu yltäni lämpimän

Kääriydyn villapeittoon
hetken hytisten
kuin hyinen mytty
kunnes lämpenen ja sulan
avaudun ja oikenen
takan ääreen asetun

Siniharmaa aamu
unen rippeet silmissä
kuulen koiran haukunnan
huomaan lumisateen saapuvan
pian horisontti katoaa
sateen verhon taa
ja puut vankeina lumen
tien yli kumartaa
elämysholvia rakentaa

106

Sininen satumaailma
häivyttää kaipuun entiseen
  ruusun punainen
hehkuen valloittaa nuoren sydämen
sitä kaiholla muistelen
kun ikää tulee ja vanhenen
  mutta värit, ne säilyvät
ja luovat toiveisiimme tunnelmat
upeat, apeat, syntyvät ja katoavat

Hiljaisuus kuiskii
on vaiti, ääniaallot väreilevät
läpi viileänä kuultavan kuutamoillan,
tuskin hengitän, olen äänetön
katson, pitkään tuijotan
veden kuvajaista ja
lähes kuunsillalle yltävää varjoani
kunnes siitä erkanen
olen vaiti
kuin hiljaisuus, johon samastun

108

Useat ovat ymmällään
kaiken turhuuden keskellä
hamuten saavuttamattomia asioita
luullen sen olevan onnea
ja elämisen tarkoitus

Minuus katoaa massaan
samanlaisuuden ihanteeseen
tasapäistämisen oletettuun ihanteeseen

Kun tilalle tulee tyhjyys
minkään riittämättömyys kirvelee
saa sielun haavoille
jota kannetaan paljouden kauppakassissa

Puukon jälki pöydän pinnassa
on historiaa ja viesti kotiverstaasta
jonka paikka sai olla tuvassa
ajalta, jolloin ei pelätty kolhuja
varjeltu lakattua pintaa
vaan annettiin elämän näkyä
    arki oli todellista ja itse tehtyä

109

Kynnet raapivat päänahkaa
etsivät oivalluksen kotipesää
pääsemättä pintaa syvemmälle

110

Satuttivat puheet
kuin sormet, jotka omiani rusentavat
kuin reuma, ne jäytävät jänteitä

Mietin niitä sanoja
jotka yksittäisinä kohti lausuttiin
joita en omikseni tuntenut

Jäi vain kipu mielipaha

111

Kun näkymä katoaa
se havahduttaa
    kun taas uusi aukeaa
ehdimme jo muuta pelätä

Syöksyn syvälle ajatusten syövereihin
lakaisen mietteen luudalla
  sydämeni permantoa
jossa velloo vuosikymmenten paatos
ja veri, joka ei kotiaan tunne

Kynnykselle empien astun
tartun oven kamanaan
antaako se lohdun
en pysty arvaamaan

Tuttuakin tutumpaa
  koko kodin täysi
aina omalla paikallaan
paikkansa löytäneinä
  toisin kuin minä nyt

113

Viehkot sanat imartelevat mieltä
kohottavat itsetuntoa ja tyytyväisyyttä
olkoonkin, että usein kiitoskin
on keinotekoista ja päälle liimattua

Kyllä sen huomaa
kun sanat tulevat suoraan sydämestä

114

Me uskallamme usein vahingossa
ja iloitsemme siitä
kuinka taitavia olemme saavutuksissamme
jotka syntyivät sattumalta
emme uskalla olla rehellisiä tuuristamme
ja pukeudumme voittajan kaapuun
vaikka kunnia kuuluisi aivan muualle

115

Ehtisinkö mukaan
ja huomaisiko kukaan
jos en tulekaan

Rooliani joukossa mietin
kun erakkona lapsuutta vietin
tunnen ulos vain yhden reitin

Pakotietä aina ensin mietin
miten kiusallisen tilan välttäisin
ja turvalliseksi oloni kokisin

116

Kun tuskan siipi koskettaa
vaikka vain kevyesti hipaisee
se pelon hetkiin virittää
uhan mieleen sytyttää

Kun toivon hetki viriää
mieli pelon ohittaa
ja katsoo uutta elämää
sen auvoisempaa näkymää

Ovat arvet nyt osa minua
merkit koetuista hetkistä
menneistä koettelemuksista
keho etsi uuden muotonsa

117

Sydän
elämäni kassakaappi
　sinne sinut
kera muistojeni talletan
　salaisuuksien vartijaksi
omantunnon asetan

118

Liekki palaa, roihuaa
polttaa pian otsatukkaa
kiharoita, joissa lapsuus elää

Tahaton leikki
vaaraksi muuttui
tulen kuumuus vammautti ihon
　Tuli keskeytti leikin ilon

119

Vielä istun
elän elämäni päällä
hetkiä mietin ilmeitä,
   katseita
jotka kohtasin
jokaista niistä rakastan
   sitäkin ilkeää
yritän ymmärtää
hymy kasvoilleni
   palaa takaisin
kun kohtaan ystävän
   tuntemattomankin kulkijan
ja huomaan elämän heidän kauttaan
antavan paljon enemmän

Väistin ohittuvan
kohtasin vastaan tulevan
ikuiseksi jäi arvoitus
mikä sen oli tarkoitus

Selvisin sattumalta
jäämästä ulapalta
etsin sieluani kaikkialta
sydämen ääntä kuulemalla

121

Pilkistää piilostaan valkoinen
   katse valpas, varovainen
on vilkkaus ja sukkeluus ilmeinen
   lumikkoa ihailen
   sen notkeutta ja nopeutta
kun se kirmaa pihahangella
piiloutuu rakennuksen alle vauhdilla

Ei taida olla niin pientä rakoa
ettei lumikko sinne katoa

Iloinen veijari kerrassaan
vai onko sittenkään
kenties pakoa on koko sen elämä
ikuista varuillaan oloa
jonka tulkitsemme liikkumisen riemuksi
kuin leikkisi kuurupiiloa

122. *Tuskasta repeää, itkun jälkeen, vapauttava riemu.*

123. *Ota ensimmäinen askel ja tunne sen painava keveys, koe kuinka viisaasti elämä tarraa kasvun alustaan.*

124. *Älä luovuta, älä lepää, sillä sisäisen rauhan saavuttamisen tie on pitkä ja kipeä.*

125. *Meille jokaiselle on annettu omanlainen luonne, sen myötä kohtaamme ympäröivää. Usein, liian usein, arvostellen ja vähätellen, huomaamatta, että niukkuus synnyttää luovuuden, pakon selvitä.*

126. *Avaa ymmärryksen ovi, ymmärtämättä mitä kohtaat, jotta voit kohdata aidosti ikävätkin asiat*

127. *Jaloillani seison, katson tulevaan, sinut kohtasin, sanasi mukanani, lähden kulkemaan, kertomaan, kuinka aina oppii uudestaan, alusta alkamaan.*

Kaihon virtaa